SUR LA

GLACE ARTIFICIELLE

PAR

J. B. TOSELLI

ANCIEN OFFICIER DU GÉNIE

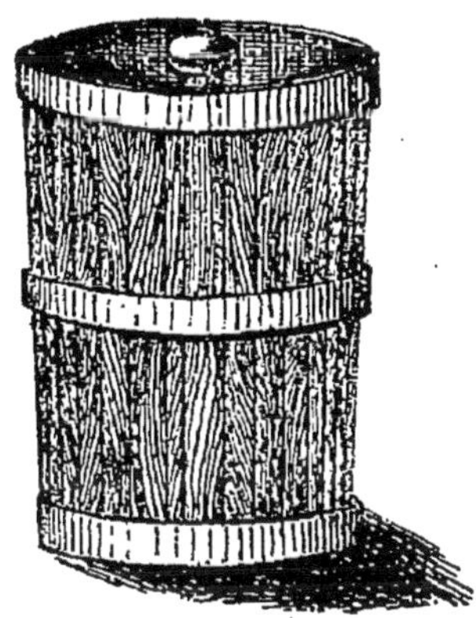

Pour frapper une carafe d'eau ou une bouteille de vin sans glace, lisez le recto de notre couverture.

PARIS-AUTEUIL

IMPRIMERIE DES APPRENTIS ORPHELINS

Roussel. — 40, rue La Fontaine, 40

1878

LA
GLACIÈRE ITALIENNE

> « Un citoyen consciencieux doit
> publier les abus et conseiller les
> remèdes ; et dire surtout la vérité
> quand même elle déplairait et
> semblerait outrageante. »
> ALFIERI.

Pour rendre hommage à mon pays, j'ai donné le nom de *Glacière italienne*, à l'appareil que j'ai inventé, en 1862, pour produire de la glace facilement et sans aucun danger.

Je cherchais, depuis 12 ans, le moyen de glacer l'eau par des procédés simples, peu coûteux et surtout exempts de danger. J'ai eu, en 1862, l'heureuse inspiration de la *Glacière italienne*, qui, de l'avis de tous les gens impartiaux, est de tous les appareils de ce genre, connus jusqu'à ce jour, celui qui est le plus simple, produit le plus rapidement, est le plus complétement inoffensif en même temps que le plus facile à manœuvrer et par-dessus tout le moins dispendieux.

On m'a bien souvent demandé des détails sur mes dernières inventions afin de les faire connaître au public ; mais qui, mieux que moi, peut en connaître les défauts et les qualités ; qui peut, mieux que moi, en parler avec connaissance de cause ?

Je dois dire d'abord que si, théoriquement, il paraît

très-facile de fabriquer de la glace, il n'en est pas pratiquement de même, quand on veut en produire beaucoup, très-promptement et à très-bas prix.

Il serait véritablement trop long de raconter ici le chemin aride que j'ai dû parcourir, les illusions et les déboires que j'ai subis, avant d'avoir pu obtenir le résultat que je m'étais proposé d'atteindre. Je dois, cependant, déclarer que ce fut en 1850, à Mantoue, que j'abordai pour la première fois cette question de la glace, et que ce n'est que tout récemment que j'ai pu perfectionner mon récipient multiple, dernier progrès appliqué à la *Glacière italienne*. Grâce à lui, je puis obtenir en deux minutes des blocs de glace d'une épaisseur que tout autre appareil et la nature elle-même ne pourraient obtenir, non pas en quelques heures, mais bien encore en employant des journées entières.

Caractères distinctifs de la Glacière italienne.

La Glacière italienne a deux compartiments concentriques de forme cylindrique et deux ouvertures opposées qui se ferment hermétiquement. Par une de ces ouvertures, on introduit le liquide que l'on veut glacer ; le mélang> réfrigérant s'introduit par l'autre. On imprime alors à l'appareil un mouvement de rotation sur son axe horizontal, point sur lequel est fixé le véritable fil d'Ariane, que personne n'a pu saisir jusqu'à présent.

C'est cependant par la solution de ce problème, que j'ai pu sortir de l'impasse dans laquelle je m'étais engagé en toute confiance, et dans laquelle je ne me fusse certainement pas aventuré ainsi, si j'avais pu m'imaginer qu'il m'aurait fallu 27 ans pour pouvoir en sortir.

Voici comment je m'aperçus de cela en 1850, à Mantoue. En faisant tourner la machine verticalement, j'obtenais de la glace opaque, très-peu consistante ; tandis qu'en la faisant tourner horizontalement, la glace devenait alors non-seulement plus compacte et plus transparente ; mais j'en obtenais davantage et en moins de temps.

Cela s'explique facilement. Dans un vase qui tourne verticalement l'eau que l'on veut glacer reste stable ; mais si on opère la rotation horizontalement l'eau, en se résolvant en un nombre infini de couches, abandonne l'air qui se met en liberté, et la glace devient alors plus solide et moins opaque.

Un autre phénomène existe, qui aide à la perfection de cette synthèse. Pour que l'eau, contenue dans un vase, puisse tourner horizontalement, il faut de toute nécessité que le vase soit parfaitement clos. Or,

comme l'eau qui se gèle, quoique abandonnant l'air
qu'elle contient, augmente de volume, cet air, se con-
densant dans l'espace fermé, exerce une légère pression
sur les couches de glace qui se forment successive-
ment, et contribue à la rendre plus compacte et plus
transparente. Cette glace sera d'autant plus compacte
et plus transparente que le mouvement se sera produit
sans secousses et aura été moins rapide.

C'est donc avec la conviction de cette vérité et la
persuasion que j'arriverais peu à peu à surmonter les
difficultés inhérentes à la mise en pratique de ces
principes, que je me suis courageusement mis à l'œuvre qui forme encore aujourd'hui, après vingt-sept
années d'études et de travail constant, ma principale
occupation.

L'historique de cette invention forme déjà un volume
qui renferme plus de 50 dessins, au moyen desquels
je fais, pour ainsi dire, toucher du doigt que la *Glacière
italienne* peut seule produire de la glace très-solide,
rapidement, à peu de frais, facilement et sans danger,
et que, en dehors du principe sur lequel est basé mon
instrument, la solution de ce problème multiple se
fera longtemps attendre.

J'aurais certainement pu arriver plus tôt au résultat
que je signale plus haut et qui, je le crois, sera difficilement dépassé ; malheureusement l'inventeur, on le
sait, est condamné par la nature même de son œuvre
à suivre l'impulsion de son imagination. Il n'a pas
plutôt terminé de mettre une idée en pratique, que
déjà son cerveau en a conçu une autre, et, comme
le chien de la fable, abandonne souvent le résultat
certain pour courir après une idée qui se présente sous
une image plus séduisante. Je n'oserai cependant pas

affirmer qu'il vaudrait mieux pour l'inventeur de s'arrêter sur une seule chose, car l'expérience m'a appris qu'un inventeur qui s'arrête, est un inventeur dépassé.

Si je me permets d'émettre cette opinion, c'est que je suis peut-être (je le déclare sincèrement) un des rares industriels qui aient su, comme le compas, tenir un pied ferme et mettre l'autre en mouvement.

J'ai pu ainsi découvrir plusieurs choses utiles et en conduire plus d'une à bon port, suivant en cela l'exemple du poëte qui n'a pas plutôt terminé un chant de son poëme qu'il en commence un second ; celui du compositeur de musique qui s'amuse en passant d'une mélodie à une autre ; celui de l'architecte, du sculpteur, du peintre qui n'ont pas plus tôt achevé une œuvre, qu'ils en commencent une nouvelle. C'est ainsi, je le répète, que procède et procédera toujours le génie humain.

Celui qui a une fois goûté la joie de la création, veut la goûter encore et toujours.

Qualité de la Glacière italienne.

Je suis persuadé que la bonté ou la valeur d'un appareil quelconque dépend beaucoup de l'intelligence et du savoir-faire de ceux qui s'en servent.

Il est évident, par exemple, que si je me mettais, moi, qui n'ai jamais touché un violon de ma vie, à promener l'archet sur l'instrument avec lequel Paganini charmait et émerveillait ses auditeurs ; il est évident, dis-je, que je vous mettrais immédiatement en fuite !

Il en est quelquefois de même de ma Glacière, qui

devient un instrument inutile lorsqu'elle tombe entre les mains de gens qui ne savent pas s'en servir.

Je l'ai déjà dit, la principale difficulté consiste en ce que la plupart veulent produire de grandes quantités de glace, rapidement, à très-bon marché. Ils mettent donc la plus grande quantité possible de liquide à glacer et le moins possible de mélange réfrigérant; voilà le motif pour lequel ils n'obtiennent aucun résultat. Ils oublient qu'il s'agit ici d'un phénomène dont la réussite dépend de quantités mesurées et précises.

Je le répète, la glace artificielle doit être considérée en été surtout comme une gourmandise très-fine ! Que ceux qui ne peuvent manger de la pâtisserie, se nourrissent de pain !

Causes d'insuccès.

J'ai fait en 1853, construire une machine industrielle, basée sur la vaporisation de l'acide carbonique liquéfié. Je n'ai pu, après quelques jours de travail, continuer à obtenir de résultats, à cause des fuites nombreuses qui s'étaient produites dans le récipient et dans les robinets, destinés à régler la marche du liquide comprimé.

J'ai donc abandonné ce système et me suis alors servi de l'éther sulfurique. Mais je ne tardai pas à m'apercevoir des mêmes inconvénients. La fermeture hermétique ne pouvait durer longtemps, l'air pénétrait dans les vases fermés, le vide ne se conservait pas et le phénomène de la vaporisation du liquide volatil disparaissait. La production de la glace dans de telles conditions était impossible. Il fallait alors changer l'éther qui s'était vicié au contact de l'air, faire de nouveau le vide, opération difficile et très-incertaine, et, en résumé, la glace qui, d'après les calculs de la théorie, devait coûter *deux centimes* le kilogramme, arrivait à me coûter *deux francs* la livre.

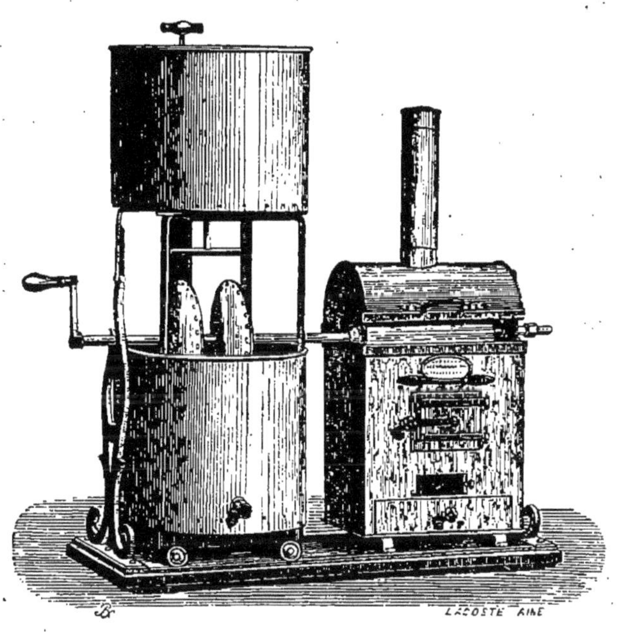

J'essayai, en 1866, d'appliquer le principe de Faraday; mais d'une manière bien différente de celle employée par M. Carré. J'étais arrivé à supprimer le feu direct et nu, et à obtenir de la glace avec l'ammoniaque liquide, chauffée au bain-marie. J'étais arrivé à supprimer tous les robinets, valvules et raccords, ce qui rendait la machine plus simple et permettait la fermeture complète de toutes les parties. Je n'ai pu cependant, malgré cela, conserver très-longtemps le vide. En fin de compte, n'ayant pas eu la chance de trouver des constructeurs aussi intelligents et capables que

MM. Mignon et Rouart, à qui on doit le succès des appareils Carré, j'ai renoncé à la vente desdites machines, dont je n'aurais pu garantir la réussite en dehors de ma maison.

J'ai également essayé l'air comprimé, ainsi que la vaporisation de l'eau dans le vide. Ces deux principes sont encore les seuls en lesquels j'ai foi. Mais quand je pense que pour obtenir des résultats satisfaisants, il me faudrait une deuxième machine, c'est-à-dire une force motrice d'une certaine importance, et que ces machines exigeraient nécessairement, non-seulement la direction et la surveillance d'hommes capables, soigneux, mais encore seraient exposées aux avaries et aux inconvénients inhérents à toutes les machines, ce qui aurait pour conséquence d'élever considérablement le prix de la glace fabriquée : je dis que la pratique est encore bien éloignée du but que la science propose.

***

Difficultés inhérentes aux pays très-chauds.

Dans les pays très-chauds, et dans ce nombre sont ceux de la zone torride, les machines à glace se heurtent à un grand écueil. Dans ces pays, dis-je, les petits appareils basés sur l'emploi des mélanges réfrigérants, de même que les grandes machines basées sur la vaporisation d'un liquide volatil dans le vide, manquent tous du principal élément de réussite, c'est-à-dire *d'eau fraîche;* sans laquelle les petites machines ne produisent rien ou, pour mieux dire, ne produisent qu'une croûte de glace insignifiante. Quant aux grandes machines au contraire, qui n'ont pas d'eau froide pour condenser l'ammoniaque ou tout autre liquide volatil, il faut qu'elles élèvent en chauffant davantage la pression interne à plusieurs atmosphères ; or, cette pression, si elle n'est pas toujours exempte de dangers, est souvent la cause de fuites, qui, une fois produites, permettent l'introduction de l'air, détruisent le vide obtenu et font cesser toute production.

Les petites glacières de famille avaient encore l'inconvénient que, pour produire une certaine quantité de glace, il leur fallait exécuter plusieurs opérations de suite et employer par conséquent trop de temps. L'expérience ayant démontré que dans les pays très-chauds, le froid produit au moyen des mélanges réfrigérants ne peut durer que quelques instants au-dessous de zéro, la production de la glace devient presque impossible dans certains pays.

Pour que mon invention fût réellement utile, il fallait donc qu'elle réunit ces trois propriétés essentielles ; c'est-à-dire : 1º d'improviser de l'eau froide là ou on n'en trouve pas ; 2º de produire ensuite une grosse épaisseur de glace, afin que, une fois obtenue, elle résiste pendant quelque temps ; 3º d'obtenir tout ceci rapidement et à peu de frais.

Tels sont précisément les pefectionnements que j'ai apportés à la *Glacière italienne*, qui est universellement connue aujourd'hui et que l'on contrefait surtout en Italie, au grand préjudice de mes intérêts.

Il est vraiment malheureux que je me sois vu dépouillé de ma propriété par l'ignorance d'un expert dont je veux taire le nom. Par sa faute, je suis condamné à souffrir que d'autres profitent du fruit de mes travaux et de mes veilles ; ce dont je supporte encore le poids.

Oh ! justice humaine ! tu as la balance, mais non les yeux. Dans cette occasion, tu as été trompée indignement, car tu m'as, sans le vouloir, frappé de la plus cruelle injustice, en me faisant payer les erreurs d'un autre. Mais puisque l'histoire reste, en fin de compte, maîtresse des événements, qu'il me soit permis de raconter les faits. Ce simple récit prouvera surabondamment que livrer au domaine public la propriété d'un honorable citoyen par l'ignorance ou la mauvaise foi d'un autre, c'est le pire de tous les despotismes.

Je reviens à l'examen de mon procédé.

Les mélanges réfrigérants

J'ai adopté dans le commencement le mélange très-énergique et en même temps inoffensif, qui est composé de parties égales d'azotate d'ammoniaque, de sous-carbonate de soude et d'eau. J'obtenais ainsi avec ma machine un abaissement de température de plus de 30 degrés centigrades, et je produisais non-seulement de la glace, mais encore des sorbets en une seule opération. Malheureusement ce moyen mettait la glace à un prix très-élevé, surtout dans les pays où il est difficile de se procurer l'azotate d'ammoniaque, qui se perd lorsqu'on le mêle avec le sous-carbonate de soude.

Après maints essais, je me suis fixé au simple mélange d'azotate d'ammoniaque et d'eau, parce qu'il est économique, inoffensif et surtout assez énergique, pour me permettre d'obtenir des résultats, qui seraient difficilement atteints avec des machines plus compliquées et plus coûteuses.

Effet utile de ce procédé.

J'ai pu établir la formule suivante, qui fait connaître *a priori* la quantité de glace que l'on peut obtenir avec la *Glacière italienne*, en employant une quantité donnée d'azotate d'ammoniaque dissous dans une égale quantité d'eau à une température connue.

$$P. = K (T^o - T) P^o \times 1. 62.$$

Dans cette formule, P. représente la quantité de glace que l'on peut produire; K. est un coefficient constant qui représente la quantité de glace produite par une calorie négative dans mes machines, quantité reconnue par moi et que j'évalue à 13 grammes en moyenne; T^o représente le degré d'abaissement de température produit par l'azotate d'ammoniaque dans les pays tempérés, lorsqu'on le mélange avec son poids égal d'eau. Cet abaissement est de 26 degrés centigrades lorsque l'azotate est pur. T représente la température de l'eau mélangée avec le sel; P^o le poids de l'eau employée égale au poids du sel; enfin, $P^o \times 1.62$ le volume en litres de la solution ou mélange réfrigérant.

Ceci admis, on trouve que pour produire un kilogramme de glace avec de l'eau à 16 degrés centigrades, il faut mélanger et dissoudre 5 kilogrammes d'azotate d'ammoniaque avec égale quantité d'eau.

Il est utile que j'explique ici ce que j'entends par *calorie négative*.

Les physiciens ont appelé calorie la quantité de chaleur nécessaire pour faire monter d'un degré centigrade un litre d'eau. On peut dire que le calorique de même que les liquides tendent à l'équilibre. Ainsi, si on met en présence deux corps de températures différentes, celui dont la température est la plus élevée cède à l'autre le calorique nécessaire pour que ces deux corps arrivent au même degré ou soient isothermes.

Loi sublime que nous offre la nature et qui devrait, selon moi, nous servir de précieuse instruction.

Les deux dessins suivants donnent une idée des

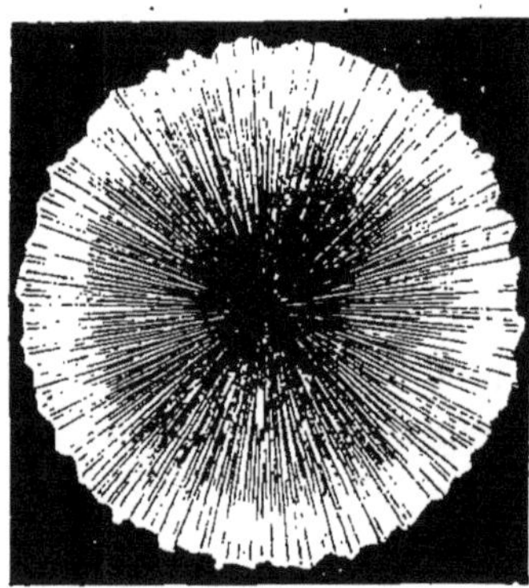 

deux calories positive et négative. Dans l'une, le calorique irradie du centre; dans l'autre, au contraire, les rayons qui partent d'une circonférence plus chaude convergent vers le centre. L'effet produit par le mélange réfrigérant, est basé précisément sur ce jeu de l'irradiation du calorique, qui, je le répète, de même que le liquide, cherche l'équilibre.

Les expressions de calories positive et négative sont vides de sens, mais servent cependant à faire mieux comprendre ce que l'on veut dire. En effet, si je puis, par exemple, au moyen de deux ou plusieurs matières, obtenir 6 litres de liquide qui marquent 10 degrés au-dessous de zéro, je dirai qu'il possède 60 calories négatives c'est-à-dire que ce liquide devrait absorber autant de chaleur qu'il devrait en perdre pour arriver à zéro s'il avait 10 degrés au-dessus de zéro, soit 60 calories positives.

Pour congeler de l'eau, il faut donc la mettre en contact avec un corps quelconque possédant un certain nombre de calories négatives, et la synthèse de la glace cessera aussitôt que la température de ce corps sera arrivée à zéro, parce qu'à zéro degrés la glace commence à fondre.

Ainsi l'expression de la formule ci-dessus se résume en ce qu'une CALORIE NÉGATIVE peut transformer en glace 13 grammes d'eau à la température de 16 degrés centigrades au-dessus de zéro.

Avantages et inconvénients de l'azotate d'ammoniaque.

Lorsqu'on expose au soleil, pendant l'été, la solution d'azotate d'ammoniaque, ce sel se cristallise à nouveau sans perdre ses qualités frigorifiques, ce qui fait que si -on adopte ce système, le prix de la glace devient très-faible.

Dans les pays chauds et secs, la cristallisation du sel s'opère en très-peu de temps, quelques heures suffisent ; mais dans les contrées humides, il faut une journée et quelquefois davantage.

En hiver et dans les pays pluvieux, ce procédé devient plus ennuyeux, parce qu'on est obligé, pour faire sécher le sel, de le placer dans une étuve ou dans un four. C'est le moyen le plus prompt pour obtenir cette cristallisation, cependant je ne le conseille pas ; attendu que si l'azotate d'ammoniaque arrive à l'ébullition, il finit par se décomposer et, perd par conséquent, ses qualités frigorifiques.

C'est là le grand défaut de ce procédé : je suis en cela du même avis que tout le monde et je désirerais aussi produire, de la glace en quantité, en un clin d'œil, sans grande dépense et surtout sans ennui. J'ai fait de nombreux essais, et je cherche encore à obtenir ce prodige; mais en prenant les choses dans l'état où elles sont aujourd'hui, il faut convenir que si on ne trouve pas quelque chose de meilleur, mes appareils sont plus pratiques, par cette simple raison que les autres ont des inconvénients plus graves.

Si ma glacière n'est pas la meilleure et la plus convenable pour les pays froids et pluvieux, elle est en revanche excellente pour les pays chauds et secs, ou se fait précisément le plus sentir le besoin de se rafraîchir et ou il est, par conséquent, bien plus facile d'obtenir la récomposition du réfrigérant. Et puis, ne peut-on pas suppléer à cet inconvénient du temps qui est nécessaire pour sécher le sel, en en ayant une plus grande provision? Un défaut auquel on peut remédier ne me paraît pas un défaut bien sérieux.

Il est plus naturel de dire que le plus grand écueil est plutôt dans la volonté de l'homme, qui ne réussit que là où il veut et sait réussir.

Malheureusement il faut aussi le reconnaître, on confie presque toujours les appareils aux soins des domestiques, qui, instinctivement, cherchent à travailler le moins possible. Ils prendront généralement la peine de faire une ou deux fois, de la glace ou des sorbets pour satisfaire leur curiosité; mais après ils trouveront bien plus commode de se décharger de cette besogne en disant à leur maître que l'appareil s'est détraqué et qu'il ne produit plus rien.

C'est pourquoi les glacières de tous les systèmes passent en majeure partie, en très-peu de temps, au rebut, comme inutiles, entre les ferrailles et les vieux harnais.

J'ai obtenu depuis 18 ans que j'habite Paris, un nombre considérable de lettres provenant de mes clients, m'exprimant tous leur entière satisfaction. J'en reçois aujourd'hui même une, que je publie, parce qu'elle m'est expédiée par un pharmacien en réputation. Les pharmaciens ont besoin plus que tous autres d'avoir à leur disposition des moyens faciles pour produire de la glace afin de soulager et secourir immédiatement certains malades. Ce sont eux qui ont essayé chaque appareil et qui peuvent être considérés comme des juges dans cette question.

Voici la lettre :

« Jonzac, le 11 avril 1878.

» Monsieur Toselli,   Paris.

» Je suis bien en retard, cher Monsieur, pour vous
» donner des nouvelles de votre machine; mais vous
» m'en excuserez, j'espère, et d'autant plus aisément
» que je n'ai que des félicitations à vous adresser.

» Votre glacière m'a rendu de très-grands services,
» à n'en juger déjà que par le nombre de fois qu'elle
» m'a servi. Sur 30 ou 40 opérations faites depuis l'an
» dernier seulement, je ne compte pas un insuccès.
» Parfois même j'ai, pour ainsi dire, trop bien réussi,
» l'épaisseur de glace obtenue ne permettant pas de
» pouvoir emboîter les cylindres les uns dans les autres.

» Le seul inconvénient que puisse avoir votre appa-

» reil réside dans l'embarras que cause en certains
» moments l'évaporation du sel. Mais il est bien facile
» de s'en affranchir : il suffit d'être largement appro-
» visionné de sel.

» Au reste, quel est le système qui n'a pas ses in-
» convénients ? Si, dans d'autres appareils, une fois la
» glace produite, il ne reste plus rien à faire, ne doit-
» on pas compter pour quelque chose la nécessité de
» faire attendre souvent deux heures et cela dans le
» cas où, si la glace doit être utile, elle sera prompte-
» ment administrée ? Aussi pour ne parler qu'au point
» de vue professionnel, n'est-il pas mille fois préféra-
» ble que le pharmacien prenne un peu plus de peine
» et que le malade n'attende pas ?

» Vous voyez donc, cher Monsieur, que je suis loin
» de regretter d'avoir fait l'acquisition de votre ma-
» chine, et je vous prie d'agréer, en même temps que
» mes sincères félicitations, l'assurance de ma consi-
» dération la plus distinguée.

» H. BEUFFEUIL,
» Pharmacien de 1re classe,
» ex-interne des hôpitaux de Paris,
» lauréat de l'Ecole de pharmacie de Paris. »

Je suis, depuis longtemps, convaincu qu'aucun autre
procédé ne peut mieux convenir que le mien pour les
familles. Depuis 1860, on a inventé et lancé dans le
commerce plusieurs petites machines pour produire
la glace et des sorbets; mais, soit dit sans jalousie,
c'est encore la *Glacière italienne* qui se vend le plus,
et elle aurait suffi, à elle seule, à me créer une fortune
si j'avais pu en empêcher partout la contrefaçon.

Dans mon propre pays, les ferblantiers fabriquent
impunément mes glacières sans scrupule aucun :

les expédient à l'étranger, ce qui me crée une concurrence excessivement fâcheuse, attendu que quelques-uns
d'entre eux les confectionnent d'une manière très-dé-
fectueuse et font croire aux acheteurs qu'elles pro-
viennent de Paris.

Difficulté qu'a rencontrée dans le principe la Glacière italienne.

Il existe à Paris quelques appareils, qui emploient,
comme la *Glacière italienne*, des mélanges réfrigérants pour produire de la glace et faire des sorbets.
Ces instruments donnent, il est vrai, des résultats
assez satisfaisants quand on les fait fonctionner dans
des contrées tempérées, où la température de l'eau se
maintient au-dessous de 15 degrés centigrades ; mais,
en été et dans les pays très-chauds où cette température dépasse 20 et 25 degrés centigrades, toutes ces
machines sont incapables de donner les mêmes résultats ; parce qu'il est démontré et acquis aujourd'hui,
que dans les pays très-chauds, le froid que l'on peut
produire au moyen des mélanges réfrigérants ne peut
rester que quelques minutes au-dessous de zéro. En
outre, les inventeurs de ces machines ont le tort fort
grave de promettre dans leur prospectus bien plus que
ce qu'ils peuvent produire, jetant ainsi un discrédit considérable sur toutes les glacières en général, ce qui
fait que le public les confond toutes et, une fois trompé,
revient difficilement sur son opinion.

La *Glacière italienne* a lutté 6 ou 7 ans contre ces
obstacles. Ce ne fut qu'en 1868 que j'ai eu le bonheur
de trouver le *récipient multiple*, avec lequel j'ai pu
obtenir dans les pays tempérés, des blocs de glace

2

de 20 centimètres d'épaisseur en 18 ou 20 minutes. J'ai perfectionné ce récipient en 1870, de manière à

pouvoir obtenir le même résultat en 10 minutes. Je l'ai amélioré de nouveau en 1875 et réduit l'opération à 5 minutes seulement. Ces progrès font maintenant réussir mes glacières même dans les pays les plus chauds, où, comme je l'ai dit plus haut, le froid, pro-uit par les mélanges réfrigérants ne peut rester que quelques instants au-dessous de zéro.

Enfin, tout dernièrement j'ai réussi à porter un dernier perfectionnement à mon récipient multiple, de façon à lui faire produire les mêmes résultats en deux minutes seulement.

Les contrefacteurs se doutent-ils seulement de tous ces perfectionnements? Les machines contrefaites en Italie sont encore dans leur enfance et ne peuvent servir qu'à faire des sorbets en employant de la glace et du sel de cuisine? Depuis dix-sept ans tous ces fabricants réunis n'ont pas été capables de faire faire le plus petit progrès à mon invention

La planche de dessins que j'ai annexée à cette notice, ne représente pas la dixième partie seulement des appareils que j'ai inventés pour faire progresser ma Gla-cière italienne. Ils sont tous basés sur le principe de la rotation horizontale, à laquelle personne n'a pensé avant moi.

Le premier contrefacteur de ma glacière en France

a été un fabricant de cafetières. Je lui dois certainement une mention toute spéciale.

S'étant aperçu, en 1862, que je vendais un nombre considérable de machines, il vint me demander le droit exclusif de vente de mes appareils. Mais, comme je ne consentis pas à les lui abandonner au prix qu'il demandait, il conçut le projet de créer une concurrence en construisant ma propre machine avec quelques modifications.

Le contrefacteur, on peut le dire hautement, est le véritable phylloxéra de l'industrie. Ayant peu de génie, mais immensément de ruse, on le voit se jeter avec acharnement sur une invention aussitôt qu'il voit le germes s'épanouir, et il cherche à en dévorer les fruits tout seul ! Habile à profiter de tout, de son âge, de son expérience, de sa position acquise, de la faiblesse des autres, de son audace, il arrive, par mille artifices, à étouffer sans pitié celui qui commence.

Aussi, pour se mettre à l'abri de tout danger, il demande d'abord un brevet ; car la loi française accorde des brevets à tous ceux qui les peuvent payer, sans aucun égard à leur mérite. Elle n'en accorderait pas à celui qui, ayant un immense mérite, n'aurait pas d'argent pour le payer !

C'est un véritable anomalie, et la France qui prétend à juste titre être à la tête de la civilisation moderne, devrait faire disparaître de son Code une loi aussi injuste.

La loi française accorde même des brevets à celui qui, au lieu d'avoir perfectionné une invention, l'a, au contraire, complétement abîmée ! C'est, je puis le dire, tout ce qu'il y a de plus détestable et de plus nuisible aux progrès de la science et de l'industrie. Et je demande comment une industrie peut prospérer dans un pays où la loi accorde à tous ceux qui peuvent payer, le droit de la ruiner ?

J'admets bien que l'on permette d'améliorer et d'aller en avant; mais je n'approuve pas que, dans les inventions, on puisse aller à reculons !

Tant pis pour ceux qui ne savent pas faire mieux !...

Quelques mois après l'apparition de ma machine, ce contrefacteur a lancé dans le commerce sa nouvelle glacière, qui a fini par jeter le discrédit le plus complet sur la fabrication de la glace artificielle, tout en discréditant l'inventeur et l'appareil lui-même.

Il a, en effet, persisté, en premier lieu, à vouloir faire la glace avec le sulfate de soude et l'acide muriatique, mélange qui rebute tout le monde; puis ensuite, pour attirer la clientèle, il a commis une erreur et une faute très-grave : c'est celle de promettre dans ses prospectus beaucoup plus qu'il ne peut tenir.

Sa glacière n'est pas autre chose que ma glacière à fermeture hermétique, pivotant sur un axe horizontal et à laquelle on fait faire seulement un *demi-tour* au lieu de tours entiers. Je le demande, y a-t-il quelqu'un d'assez ignorant pour ne pas comprendre que le tout vaut plus que la moitié et qu'une révolution entière produira toujours plus d'effet utile qu'une demi-révolution ?

Cela ne l'a pas empêché d'insérer dans ses prospectus, *que sa machine produit trois fois plus de glace que tous les autres systèmes,* bien qu'il sache pertinemment qu'elle en produit au contraire moins !

Aussi, cette théorie trompeuse a fait son chemin ; le mauvais exemple s'est propagé. D'autres fabricants de glacières sont venus produire de faux miracles devant le public ; ce qui porte le plus grand préjudice même aux glacières de famille les plus sérieuses, comme celles de MM. Mignon et Rouart et de M. Carré.

Ce système de promesses fallacieuses et de fanfaronnades est aujourd'hui dépassé par un nouvel imitateur qui, au moyen d'un appareil qu'il vend cent francs prétend produire quatre kilogrammes de glace en une seule opération. Et le public se laisse prendre facilement ; car il n'hésitera jamais à accorder une préférence marquée à celui qui lui promettra beaucoup plus pour la même somme d'argent.

Je maintiens que le nouvel appareil ne produit pas ce que son inventeur annonce ; je dis même que s'il obtient dans son magasin des résultats satisfaisants, c'est qu'il y arrive par un tour de main dont lui seul connait le secret. Je dis que, dans l'intérêt de tout le monde, il devrait expliquer ce secret.

Connaissant par expérience ce que l'on peut obtenir en été avec l'azotate d'ammoniaque, lorsque la température de l'eau dépasse 20 degrés centigrades, je prends l'engagement formel de payer à ce soi-disant inventeur, s'il veut l'accepter, autant de fois la somme de mille francs qu'il produira devant moi la moitié de la glace qu'il annonce, pendant deux heures, par de simples opérations, en employant l'eau de la ville, qui, dans ce moment-ci, est à 22 degrés centigrades, et la quantité d'azotate d'ammoniaque qu'il indique.

S'il est à désirer que tout le monde fasse des affaires et gagne de l'argent, il faut le faire honorablement sans nuire à personne. Abuser de la bonne foi du public, ce n'est ni louable, ni prudent, ni courageux. C'est tout simplement s'exposer aux coups de la critique, qui, en tout temps, a servi et sert à réprimer les abus, corriger les erreurs et nettoyer la société de plaies nombreuses.

Le brevet italien.

Après avoir parfaitement calculé les proportions et établi la forme de ma glacière, je n'ai plus eu d'autre souci que celui de lui faire produire davantage en moins de temps possible et sans augmentation du volume de l'appareil.

La première *glacière de famille* que je fis breveter en 1862, même en Italie, ne pouvait donner que 473 grammes de glace en 15 minutes avec de l'eau à 17 degrés centigrades. Dans le courant de la même année, je trouvai le moyen de lui faire rendre 591 grammes dans le même laps de temps et avec de l'eau à la même température. C'était déjà un progrès ; malheureusement il resta complétement ignoré par un certain professeur de mécanique, qui eut à en déposer, dans un rapport fait par lui, par ordre du tribunal de Turin, en sa qualité d'expert ; rapport dans lequel il avait à conclure que la seconde machine produisait moins que la première !

Le dessin ci-contre représente les deux machine[s] vu en sections verticales. Les figures 1 et 2, comme on

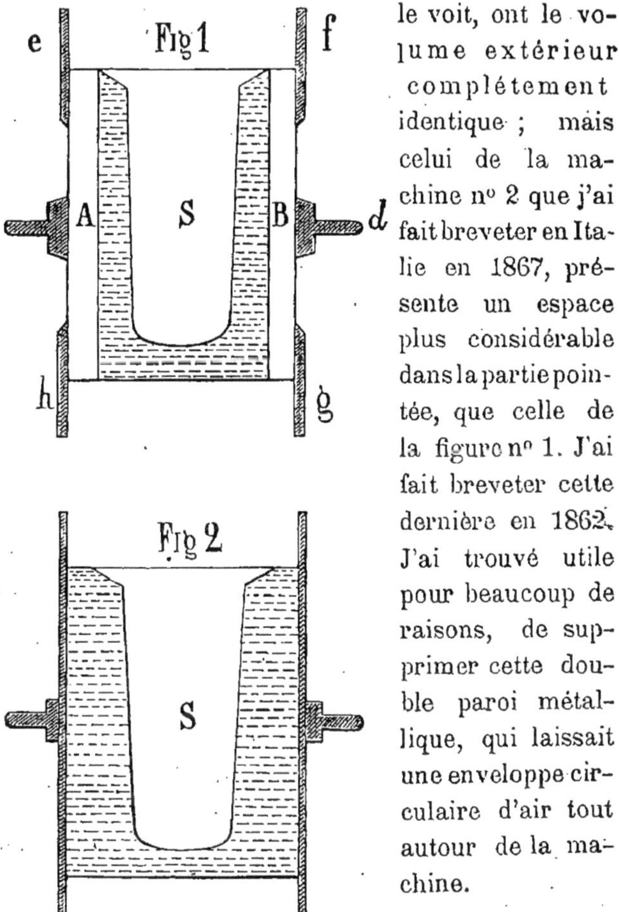

le voit, ont le volume extérieur complétement identique ; mais celui de la machine n° 2 que j'ai fait breveter en Italie en 1867, présente un espace plus considérable dans la partie pointée, que celle de la figure n° 1. J'ai fait breveter cette dernière en 1862. J'ai trouvé utile pour beaucoup de raisons, de supprimer cette double paroi métallique, qui laissait une enveloppe circulaire d'air tout autour de la machine.

On s'aperçoit immédiatement que la seconde machine (*fig. n° 2*) peut contenir une plus grande quantité de substances frigorifiques. En effet, il suffit d'avoir un peu de sens commun, pour comprendre que, de même qu'un boulanger obtiendra une plus grande quantité de pain avec une quantité supérieure d'eau et de farine, je puis obtenir dans ma seconde machine une plus grande quantité de glace que celle que j'obtenais dans la première avec une quantité moindre de matières.

Ceci est logique, palpable, indiscutable; mais le professeur expert a pu, à ce qu'il paraît, avec son génie transcendant, opérer en sens contraire le miracle de la multiplication des pains ! Je veux dire qu'il a tellement bien fait ses calculs et si bien pris ses mesures, qu'il a pu obtenir dans la deuxième machine une quantité moindre de glace, que dans la première, et il a dit au tribunal que de ce côté je n'avais fait aucun progrès.

Aussi les juges du tribunal, prêtant une foi aveugle au dire de ce professeur, ont jugé que, ma seconde machine ou invention n'étant pas un perfectionnement de la première, mon brevet était nul et d'aucune valeur.

Je comprends parfaitement que dans une pièce théâtrale il puisse y avoir plusieurs acteurs et un seul souffleur ; mais que dans un tribunal devant lequel on cherche à dépouiller un honorable citoyen, les paroles d'un seul puissent faire pencher la balance dans un sens ou dans un autre, voilà ce qui me paraît monstrueux et absurde. Je ne comprends pas, non plus, comment un homme de bon sens, tel que devait l'être du moins un professeur public, n'ait pas eu la prévoyance de demander lui-même au tribunal qu'il lui adjoigne deux autres experts, ce que la loi exige lorsqu'il s'agit d'annuler un brevet d'invention, ne fût-ce que pour sauvegarder sa responsabilité, qui aujourd'hui se trouve exposée à tous les vents.

Je dois aussi avouer que l'avocat de mon adversaire a montré dans cette occasion qu'il était, je ne dis pas plus fort, mais plus rusé que le mien. Il a parfaitement compris que pour gagner son procès et sauver son client d'une punition méritée, il ne lui restait plus qu'une ressource, celle de faire déclarer la nullité de mon brevet; car ce résultat obtenu, mes droits étaient nuls aussi.

Le plan ainsi concerté, il a su le faire réussir. Non-seulement il a pu faire éliminer du temple de la Justice le premier expert, qui avait reconnu la fraude et défendu ma propriété, mais il a réussi encore à en substituer un d'une pâte plus malléable. Or ce dernier a dit et juré le contraire de ce qu'avait déjà dit et juré le premier.

Pour que le tribunal puisse déclarer la nullité de mon brevet, il fallait prouver que mon invention brevetée en 1867, ne présentait aucun progrès sur celle de 1862. Eh bien! il en fut ainsi. Le professeur expert a déclaré que, dans ses mains, la seconde machine avait produit une quantité de glace moindre que dans la première. Les juges ont avalé ce mensonge et ont déclaré en conséquence qu'entre la seconde et la première machine il n'existait aucun progrès, et qu'ainsi mon brevet était nul et sans valeur.

Je suis persuadé qu'un joueur de gobelets n'aurait pas mis plus de dextérité à escamoter une muscade. Cependant si je mettais entre les mains du dernier des manœuvres la même machine que celle dont s'est servi le désormais célèbre professeur expert du tribunal de Turin, je suis certain que ce manœuvre, sans être un savant professeur, serait capable de produire dans la seconde machine plus de glace que dans la première.

Ce n'est pas tout encore. Voyez et jugez jusqu'à quel

point l'avocat de mon adversaire a poussé la finesse. Comme ce procès a coûté pas mal d'argent, il a pensé à sauver même la bourse de son client en obtenant du tribunal une indemnité.

Il m'a donc intenté un procès, en réparation du dommage que je lui avais causé pour avoir osé de-- mander au tribunal de Turin de faire respecter ma propriété. Personne ne s'étonnera donc de savoir qu'ayant su gagner le premier procès, il a gagné aussi le second. Non-seulement il a réussi à m'enlever mon brevet, mais encore il m'a fait condamner à payer 2,500 francs de frais, ainsi qu'une indemnité de 3,500 francs à celui qui m'avait pillé. Cet avocat, je le dis très-haut, a fait voir dans cette occasion qu'il était fort comme un lion ; seulement, si j'avais été à sa place, j'eusse préféré perdre une pareille cause, plutôt que de remporter une victoire si honteuse !

Voilà, cher lecteur, ce que m'a coûté l'honneur d'avoir pris un brevet dans le royaume d'Italie. Je doute que dans les annales des inventions et décou- vertes on ait jamais enregistré une injustice pareille !

Conclusion.

La maladie qui me mine ne me laissera que quelques années à vivre, peut-être même quelques mois ; cependant, tant qu'un souffle m'animera encore, je ne cesserai de travailler à me rendre digne de mon pays et de mes amis. Je continuerai à remplir mon devoir en recherchant la vérité. Personne ne pourra m'a- dresser le reproche d'avoir perdu un seul instant et de n'avoir pas fait tout ce que je pouvais pour arriver au but.

Que n'aurais-je pas fait si, au lieu de rencontrer autant d'opposition, j'eusse été encouragé par mon pays?

La fortune ne m'a jamais souri. J'ai dû lutter toute ma vie contre les sots et les fripons. Ils se réjouissent maintenant d'avoir réussi à m'enlever le peu que je possédais dans mon pays et qu'ils me voient affaibli par les veilles et les désillusions. Leur joie cependant ne peut que leur être bien amère, car ils ont nui à qui ne leur avait jamais fait de mal.

Admettons même qu'ils aient pu ou qu'ils arrivent un jour, par leur perfidie, à me faire encore plus de mal: croyez-vous qu'ils cesseront pour cela d'être ce qu'ils sont..... et qu'ils puissent m'enlever la satisfaction d'avoir doté mon pays de quelques inventions utiles?

Soyez-en persuadés, celui qui fait du mal à son prochain en est puni tôt ou tard. Le moment de la justice arrive à la fin pour tous, et je sais attendre. Si j'élève aujourd'hui la voix, ce cri d'impatience, et si j'inflige cette dure leçon à la conduite détestable de mes adversaires, c'est pour leur apprendre à respecter la loi et à ne point tromper la justice par de fausses déclarations.

Paris, 1er août 1878.

J. B. Toselli,
196, rue Lafayette.

A MESSIEURS LES MEMBRES DU PARLEMENT ITALIEN

> « Les produits du talent et la réputation qui y sont attachés, ne sont pas des choses si méprisables, qu'il faille en laisser le pillage et la déprédation libre et impunie. »
>
> Monti.

Mon devoir de bon patriote me pousse à porter à la connaissance des législateurs italiens la narration douloureuse de ce qui m'est arrivé; non pas que je le fasse dans un but d'intérêt personnel; mais bien plutôt dans celui de mon pays, afin que d'autres inventeurs ne soient pas exposés à être traités de la façon indigne dont je l'ai été moi-même.

L'Italie ne manque pas, on le sait, d'hommes au génie inventif; mais elle n'arrivera jamais à être une grande nation, si elle n'a pour base l'équité et la justice.

Il faut qu'elle se rappelle que le progrès industriel, qui forme l'élément principal de la prospérité de certains pays, est dû principalement à la nombreuse et malheureuse famille des inventeurs, auxquels on délivre généralement, comme première récompense, *un brevet de manie.*

Ils ne vivent, cela est vrai, que d'illusions et d'espérances; cependant que l'on vienne voir aujourd'hui le consolant spectacle qu'offre en ce moment leurs folies, réunies dans l'immense palais de l'Exposition uiverselle. Pour mon compte personnel, je le confesse, la vue seule de tant de prodiges m'enchante; je me sens plein d'admiration et suis très fier d'être de leur nombre.

Qui peut savoir, cependant, les larmes qui ont arrosé les tiges de toutes ces merveilles? La société en jouit, les spéculateurs en profitent; mais sur mille inventeurs de toutes ces admirables choses, il n'y en a peut-être pas un seul auquel la création de l'œuvre n'ait coûté des larmes et des désillusions.

Cela tient beaucoup à l'imperfection des lois. J'ai la conviction que la plus désastreuse des découvertes a été pour les inventeurs la loi faite pour les garantir et les protéger: *premièrement,* parce qu'elle ne protège et garantit rien; *secondement*, parce qu'elle comprime plutôt l'intelligence et la volonté individuelle au désavantage de tous, et *troisièmement*, parce qu'un brevet est une véritable fausse clef, avec laquelle les contrefacteurs peuvent entrer dans la maison de leur voisin pour le piller impunément.

Je soutiens qu'un brevet tel qu'on le donne aujourd'hui est plutôt nuisible qu'utile à l'inventeur. Je vais en donner un exemple.

Je suis l'inventeur privilégié d'un objet et mon voisin l'est aussi d'un autre. Celui-ci s'aperçoit que je fais beaucoup d'affaires avec mon invention. Comme c'est un rusé compère, il ne veut plus se contenter de ce qu'il a, mais s'emparer de mon affaire. Pour que je ne puisse pas l'en empêcher il va se mettre sous la protection de la loi. Il demande un second brevet de mon invention en y faisant le plus minime changement, et il crie publiquement alors que sa machine produit trois fois plus que la mienne, quoiqu'il sache au contraire qu'il l'a rendue plus mauvaise.

Le public qui voit et juge sans discernement, écoute facilement celui qui crie le plus fort, achète l'objet contrefait plutôt que le mien. Il ne me restera alors d'autre ressource que celle de faire à mon voisin un procès ruineux, pour l'obliger à respecter ma propriété, au risque de perdre mon temps et mon argent et d'être en outre condamné à payer une indemnité au contrefacteur qui m'a pillé, comme cela m'est précisément arrivé.

Examinons ce qui se passerait si la loi sur les brevets n'existait pas.

Mon voisin pourrait certainement se sentir la velléité de me frauder ; mais il se ferait immédiatement cette réflexion ; ne pouvant être un voleur privilégié, il se dirait intérieurement: Si j'emploie un certain capital pour établir les modèles, les appareils et tout ce qui est nécessaire pour faire la concurrence à mon voisin, un autre peut en faire autant, et je risque fort de compromettre non-seulement mon argent, mais je me crée un ennemi qui peut user avec moi de représailles en contrefaisant lui-même mon invention et en me faisant perdre ce que j'ai.

Croyez-moi, la principale raison qui empêche un propriétaire de ne pas aller moissonner le grain de son voisin, c'est la crainte que son voisin ne soit autorisé à en faire autant du sien. C'est tout simplement de l'instinct moral. Je vous respecte parce que vous me respectez; mais si vous venez me soustraire mon pain, je n'ai plus pour vous aucun ménagement.

Si le bon sens exige que l'invention soit considérée comme la propriété de celui qui l'a créée, elle devrait être inviolable, comme toutes les propriétés, non pas un seul jour, ni même quinze ans, mais pour toujours. Une propriété qui m'appartient aujourd'hui et non pas demain, n'est pas une propriété.

Le législateur qui a eu l'idée de fixer à quinze années le droit de l'inventeur, aurait dû donner au moins quinze raisons pour justifier sa prétention, tandis qu'il n'a même pas pu en donner une seule.

Je demande pourquoi l'inventeur ne sera maître de son invention que pendant quinze ans, quand il lui en faut souvent plus de vingt pour la compléter ?

J'ai commencé à composer ma glacière à rotation horizontale, en 1850, et il n'y a que quelques jours seulement que j'ai pu lui imprimer le plus grand progrès. J'ai inventé en 1862 une double enveloppe pour les vases qui vont sur le feu, ce qui permet l'économie de la moitié au moins, de charbon et du temps. Rien n'était certainement plus utile que cette idée ; cependant le public est resté 15 ans indifférent, et ce n'est qu'en 1877, l'année où expirait justement mon brevet, que l'invention a été acceptée par le gouvernement français pour le service de l'armée. C'est M. Malen, fabricant de cafetières pour l'armée, qui jouit maintenant de mon invention. Je me demande à quoi a servi mon brevet de 15 ans ?

La loi sur les brevets est pleine d'absurdités. Les dimensions de ma notice ne me permettent pas de les passer toutes en revue. J'en relève seulement quelques-unes, afin que les législateurs songent à y porter remède.

Il est inutile de rappeler que les inventeurs sont en général des hommes très-préoccupés et d'ordinaire sans fortune ; très-souvent ils oublient ou bien ne sont pas en état de payer les annuités du brevet. Songez donc ! chers lecteurs, penser à son invention au lieu de penser au fisc et surtout ne pas le payer le jour de l'échéance, c'est un délit abominable !

C'est pour cela que la loi veut que l'inventeur qui ne paye pas, soit dépouillé de sa propriété et comdamné à mourir de besoin. Pourquoi ne pas le comdamner à mort tout de suite ? Quant à moi, je préférerais mourir tout d'un coup plutôt que d'être obligé de périr d'inanition.

Comment arriver à rayer de la loi une pareille monstruosité ? Cela me semble bien facile.

Si un propriétaire ne paye pas les contributions de sa maison ou de son champ, la loi ne jette pas cette maison et ce champ dans le domaine public, mais trouve le moyen de le faire payer. Si un inventeur ne paye pas sa taxe, qu'on lui enlève même son lit, mais qu'on lui laisse son invention, ce qui, pour lui, représente cette maison, ce champ qu'il peut cultiver et avec lequel il peut honorablement gagner sa vie.

Et s'il n'a pas même de lit, me direz-vous ? Eh bien ! alors faites-lui grâce de ce droit, et demandez-lui en compte lorsque son invention progressera et lui rapportera quelque chose ; mais ne lui enlevez pas sa propriété.

Il serait préférable de ne pas imposer à l'inventeur une pareille charge, qu'il ne peut souvent supporter, car il a trop de tribulations à passer avant de rendre son invention pratique.

Il y a pour moi quelque chose qui outrage véritablement le sens commun, c'est de voir qu'au lieu de recevoir du gouvernement une récompense, un inventeur qui a fait une découverte de laquelle le pays tout entier peut retirer honneur et profit, doit payer le gouvernement.

Il me semble qu'après tant de progrès accomplis, le moment est enfin venu d'abroger cette loi, ou pour le moins de la rendre plus utile à ceux en faveur de qui elle a été créée.

Si un inventeur fait une découverte, que le gouvernement commence par l'encourager en lui accordant un brevet gratuit. Réfléchissez donc qu'une invention peut être réelle ou simplement illusoire au moins sur le principe. Si elle est sérieuse, l'inventeur va être aussitôt grevé de dépenses qu'il n'avait pas auparavant ; frais de magasins, d'atelier, paye d'ou-

vriers et d'employés, contributions, frais de poste
et d'emballage, d'annonces, de mobilier, d'outils et
de matières premières, toutes choses elles-mêmes
grevées de toute espèce de droits.

Tout se résume donc, en somme, en un bénéfice pour
l'État, lorsqu'une nouvelle invention a eu la faveur du
public. Pour ne parler que d'une seule de mes inventions,
je puis affirmer que par l'exportation de ma *Glacière
italienne*, pendant 15 ans, j'ai fait entrer en France
plus d'un million de francs, dont elle a profité. Le pays
serait donc largement récompensé s'il accordait le brevet gratuit aux inventeurs.

Si, au contraire, l'invention brevetée est absurde
et improductive, est-ce qu'il n'est véritablement pas
immoral que l'Etat tire bénéfice d'un pauvre homme
en lui faisant payer tous les ans une taxe pour une
invention dont il ne tirera aucun profit ?

J'ai passé moi-même par toutes ces épreuves.

J'ai perdu en 1863 mon premier brevet italien, parce
que j'avais laissé, par oubli, passer le jour où je devais
payer la taxe. Je me suis occupé de plusieurs inventions ; j'en ai fait breveter quelques-unes qui n'ont pas
été fructueuses pour moi ; d'autres, au contraire, m'ont
rapporté quoique je ne les eusse pas fait breveter ; ce
qui prouve que le brevet n'est pas nécessaire.

Je conviens qu'il est extrêmement difficile de définir
une invention et d'établir les limites d'une telle propriété ; parce que neuf cents fois sur mille, ce sont des
plagiats ou des contrefaçons, mais cela n'est pas la
même chose pour un objet qui n'existait pas ou qui
était resté inconnu et qui tout d'un coup est accueilli
sur tous les marchés. Je soutiens qu'il est possible d'en

faire constater et reconnaître le mérite par des hommes
consciencieux et instruits.

J'ai dit et je le répète, la partie la plus importante
d'une invention est la *toute petite chose* qu'on y ajoute
pour la faire réussir.

Il arrive souvent qu'un inventeur use ses forces, passe
des années inutilement, pour lancer son invention.
Découragé, il l'abandonne pour la reprendre plus tard
en lui appliquant, avec de nouveaux moyens, le même
principe d'une manière différente et il finit par la faire
réussir.

Mais, dans l'intervalle, son brevet est tombé dans
le domaine public, et son invention court grand
risque de devenir la proie des vautours. La loi lui
accorde, il est vrai, le droit de demander un nouveau
brevet de perfectionnement, ainsi que je l'ai fait en 1867,
pour ma *Glacière italienne ;* mais tout le monde sait
maintenant ce que vaut un deuxième brevet, et comment le mien a fini!

Croyez-vous qu'il soit possible de trouver un moyen
de sauver les inventions et les inventeurs qui, par oubli ou par manque de fonds, perdent chaque jour leur
propriété? J'affirme que oui! Il suffirait pour cela que
la loi fût assez humaine pour les réhabiliter. Or, on
réhabilite bien les faillis. Pourquoi ne réhabiliterait-on
pas les inventeurs dont la pauvreté est le seul crime?

Réhabilitez-les donc, quand cela ne serait que pour
les indemniser de leurs pénibles recherches et pour les
encourager à mieux faire. Soyez-en certains, une loi
pareille gênerait peut-être les contrefacteurs, mais
serait tout à l'avantage de l'industrie et honorerait le
pays qui la promulguerait.

Si vous tenez absolument aux droits de l'Etat, imposez aux inventeurs réhabilités l'obligation de payer toutes les annuités passées, et qu'ils ne puissent pas poursuivre ceux qui auront eu le bonheur de profiter de leurs inventions pendant tout le temps qu'elles étaient tombées dans le domaine public par défaut de payement.

Enfin, je crois et je répète, la loi pourrait être abolie sans danger, car ce serait le moyen le plus sûr d'aplanir toutes les difficultés. Mais comme je crains fort de ne pouvoir aboutir à faire entrer ma conviction dans l'esprit de tous, et que malheureusement l'heure de la destruction de tous les priviléges n'est pas encore sonnée, je me permets de dire aux membres du Parlement italien : « Si vous ne voulez ou si vous ne pouvez pas abolir cette loi cruelle, rendez-la au moins meilleure et supportable ; et si vous la croyez juste, faites qu'elle soit respectée par tous, grands et petits. Vous montrerez ainsi que vous êtes des législateurs sages et prudents et les dignes fils d'un pays libre. »

Paris, le 1er août 1878.

J. B. TOSELLI,
196, rue de Lafayette.

QUELQUES RÉFLEXIONS

SUR LA PROPRIÉTÉ INDUSTRIELLE

> « Il n'y a pas de pire tyrannie que
> celle qui s'exerce à l'ombre des lois
> et sous les couleurs de la justice. »
> MONTESQUIEU.

On a raison de dire que la propriété est la pierre fondamentale de la société. Si on y touche, l'édifice pourrait crouler. — Je crois, moi aussi, que la propriété est le pain journalier dont nous ne pouvons nous passer. — Cependant, quoique le respect de la propriété soit si profondément enraciné dans le cœur de l'homme, ce respect n'a pas encore complétement franchi le domaine de la matière pour entrer dans celui de la raison.

Les hommes qui réfléchissent le plus, et qui combattent pour le triomphe de la justice, voudraient maintenant que l'on puisse compter parmi les propriétés inviolables non-seulement les pierres, les monnaies, etc., mais aussi ce que le talent de l'homme peut produire.

Je ne sais pas si la réunion du congrès et le savoir des hommes qui le composeront, suffiront pour secouer l'indifférence publique et pour ouvrir les yeux aux législateurs qui, jusqu'à présent, ont eu l'air de ne pas comprendre ou de ne pas croire que les productions de l'intelligence de l'homme valent au moins celles de ses bras.

Voici des pommes de terre : personne ne peut les

prendre sans la permission du propriétaire. Voilà un tas de fumier, produit par des animaux : il appartient à quelqu'un ; personne ne pourra se l'approprier ni aujourd'hui, ni demain, ni jamais, sans le payer. C'est une propriété qui est sacrée. — Voici le téléphone de l'illustre professeur Bell ; ce n'est ni une pomme de terre, ni du fumier; c'est la merveilleuse production de son génie : c'est autre chose. Ce qui sort de l'intelligence humaine ne vaut encore, de nos jours, ni une pomme de terre, ni du fumier ! Par conséquent, tout individu peut se l'approprier. Il suffit de s'abriter sous un article de la loi qui nous régit, pour que tout soit permis.

Je me demande si nous sommes des idiots incapables de comprendre que cette loi est injuste et qu'il vaudrait cent fois mieux ne pas en avoir, que d'avoir des lois pareilles; ou si nous sommes les savants, les écrivains, les compositeurs de musique, les dessinateurs, les architectes, les peintres, les sculpteurs, les inventeurs, les manufacturiers les négociants, les ouvriers intelligents, les producteurs, en un mot, de cette Exposition universelle où se relève d'une manière gigantesque l'idée sublime de la force intellectuelle de chaque peuple et de chaque exposant, représentée par les produits qui constituent la propriété de chacun?

Nous la voyons, cette production du cerveau humain. Nous pouvons la toucher, cette propriété intellectuelle, que nous aimons, et dont nous ne pouvons pas nous détacher parce qu'elle nous a coûté des souffrances incroyables. Eh bien ! est-ce que nous tous, réunis dans ce temple de la science et de l'industrie, nous ne serons pas capables de nous révolter contre cette loi stupide qui met notre propriété à la merci de tous les vents, et de faire une loi internationale qui puisse nous la garantir ?

Hélas! qu'il ne soit plus désormais permis à un Américain de piller un Anglais, ni à un Français de piller un Américain, ni à un Allemand de piller un Italien. Proclamons hautement ce nouveau droit des peuples, que : *La propriété intellectuelle est inviolable comme les autres propriétés* ; et que les pays les plus civilisés se portent mutuellement garants de tout ce que leurs hommes de génie pourront produire.

Plus de privilège pour personne. — *Un pour tous et tous pour un* : voilà la formule que l'on devrait inscrire à la tête de la loi qui devra consacrer la propriété intellectuelle. — Ce sera rendre hommage à la conscience humaine en établissant que ce que le talent de l'homme peut produire, tout le monde doit en avoir sa part.

N'accordons plus de privilège à personne, d'abord parce que celui obtiendrait ce privilège, et qui n'aurait pas les moyens de l'exploiter, priverait la société du bienfait de son œuvre, tout en ne pouvant pas en profiter lui-même. Ensuite, l'intelligence de l'homme devrait se considérer, de nos jours, comme une providence universelle, dont tout le monde devrait jouir.

Voilà un inventeur qui a créé une chose utile : il a beau se donner du mal pour la faire connaître; il a beau se munir de brevets, lancer des prospectus et chercher des capitaux pour exploiter son invention, il n'y réussi pas. Deux ans s'écoulent ainsi sans que cet inventeur puisse rien faire. En attendant, il a épuisé ses forces. Et pour comble de malheur la loi vient lui dire : *Puisque tu n'as pas su exploiter ta découverte pendant les deux années qui se sont écoulées, je vais te dépouiller de ta propriété et je vais la jeter à la rue pour que tout le monde puisse en profiter.* Est-ce juste? Non; c'est insensé, et jamais on ne trouvera dans une loi, rien de plus absurde, rien de plus injuste! Si on y réfléchit un peu, il y a là de quoi faire devenir fou ce pauvre inventeur qui a tout sacrifié pour faire prendre son invention.

Moi-même j'ai demandé en 1876 un brevet en France pour un appareil nouveau à fabriquer la glace en n'employant que de l'eau. N'étant pas outillé pour fabriquer de telles machines, je me suis adressé à M. .... le constructeur bien connu de machines à vapeur, et je lui ai proposé l'exploitation de mon invention. M. .... après y avoir réfléchi, m'a offert de construire, à ses frais, la première machine, mais à la condition que si elle réussissait, il voulait en être lui seul le propriétaire, et me désintéresser dans le monde entier, en me payant une somme de deux cent mille francs.

J'aurais préféré la moitié de cette somme et avoir une petite part dans les bénéfices annuels; mais M. .... n'a pas voulu me l'accorder. Alors je lui ai tout simplement répondu: *Mon invention ne vaut rien ou elle vaut davantage.*

Maintenant, si dans trois mois je n'ai pas mis dans le commerce cette nouvelle machine, M. .... pourra la fabriquer sans me payer un centime, puisque la loi me dépouillera de ma propriété. — Je ne puis pas même dire si mon invention est bonne, car je ne l'ai pas encore expérimentée; mais en supposant qu'elle soit bonne, serait-il juste que tout le monde puisse dans trois mois s'en emparer gratuitement parce que je n'ai pas pu, pendant deux ans, l'exploiter moi-même?

Non; il est temps que l'on fasse disparaître toutes ces monstruosités. Il est temps que les hommes les plus éclairés se donnent la main pour démolir cette loi barbare qui ne peut plus convenir à des hommes civilisés comme nous le sommes!

La loi devrait protéger les inventeurs, et non les abattre. Elle devrait faciliter et ne jamais mettre d'entraves à l'auteur d'un ouvrage intellectuel quelconque, pour qu'il puisse tirer quelque bénéfice de son capital; car, il faut l'avouer, le talent est le plus estimable de tous les capitaux.

N'est-il pas vrai que si j'emprunte une somme d'argent à un banquier, il m'en fait payer les intérêts? Pourquoi donc, si je profite du capital intellectuel d'un tiers, ne lui en payerais-je pas un intérêt proportionnel à la somme d'argent que son produit m'aurait procuré, et pendant tout le temps que j'en aurais profité?

Si on me paye les oignons de mon jardin, pourquoi ne me payerait-on pas les produits de mon cerveau? S'il est défendu de s'approprier les fruits de votre champ, pourquoi pourrais-je m'approprier, avec quelque détour, les fruits de votre talent?

L'homme de lettres, comme le savant; le poëte, comme le compositeur de musique; le peintre, comme le sculpteur; le dessinateur, comme l'architecte; l'industriel, comme le mécanicien, sont des hommes de mérite, qui ont droit à l'estime universelle, car c'est à eux que la société doit tous ses progrès. Si donc tout le monde profite de leurs œuvres, ce ne serait que justice de leur donner quelque rétribution. Je dis quelque rétribution, n'approuvant pas l'idée du privilège ou du droit exclusif.

Supprimons les brevets d'invention et substituons-y un simple titre de propriété relative, c'est-à-dire de propriété non absolue ou discutable pour tous ceux qui la demanderont.

Je sais qu'en général on ne croit pas possible d'établir les limites de la propriété intellectuelle et de pouvoir saisir ce qui appartient aux uns et ce qui appartient aux autres, car les idées sont quelque chose d'indéfini et d'insaisissable. Oui, je ne dis pas le contraire ; mais on ne devra pas non plus accorder des titres à ceux qui les demanderont pour des idées seulement. Ce sera de la forme de ces idées, représentées par des dessins et par des descriptions exactes, et aux limites commensurables que l'auteur pourra donner à son ouvrage, que l'on reconnaîtra sa propriété.

Voilà deux artistes pris de la même idée. Ils représentent tous les deux le même sujet. Ils emploient tous les deux la même toile, les mêmes couleurs, les mêmes outils. Dans leurs tableaux on trouve les mêmes attributs. Il n'y a pas de différences apparentes dans l'ensemble. Cependant dans les détails on voit quelque chose qui satisfait plus les yeux dans l'un que dans l'autre. Vous pouvez bien être sûrs que la pureté du dessin, la vivacité des couleurs, l'harmonie des teintes, l'expression des figures, le naturel de leur pose, l'accord du fond avec les accessoires, vous indiqueront lequel des deux artistes aura le mieux réussi.

Ce que je dis des deux tableaux, doit se comprendre pour les deux pièces de musique, pour les deux dessins, pour les deux statues, pour les deux machines, pour les deux inventions et pour les deux ouvrages quelconques semblables. Leur couverture sera peut-être identique, mais leur intérieur ne sera pas le même. Il y aura quelque chose de plus ou moins précieux.

Ce qu'il faut absolument prévenir et défendre, est la contrefaçon déloyale. Un ouvrier, en travaillant, invente un outil nouveau qu'il fait breveter. Son patron regarde cet instrument, et, après avoir réfléchi, il s'aperçoit qu'en s'appuyant au même principe, on pourrait en faire un autre, je ne dis pas meilleur, mais différent. Il profite alors de ses moyens; il prend un nouveau brevet, il exploite l'outil, et il laisse en arrière son ouvrier, qui reste ainsi légalement pillé! C'est injuste. La loi devrait empêcher de pareils abus; car il est très-facile de changer quelque chose à une invention nouvelle; tandis que les premiers pas sont les plus pénibles.

Pour empêcher aux contrefacteurs de faire le ravage qu'ils font dans les vignes des autres, il y aurait un moyen bien simple et efficace. C'est de permettre à tout le monde la construction et la vente des inventions nouvelles, à la condition que le reproducteur d'un nouvel ouvrage soit obligé d'en donner avis préalable à celui qui aurait obtenu le premier un titre de propriété, et de lui payer tous les ans le 5 % sur le prix de tous les objets vendus. De cette manière, personne ne songerait plus à abîmer une invention ou une œuvre nouvelle pour le plaisir de la contrefaire. La concurrence se produirait naturellement, sans être déloyale; et de cette manière on arriverait aussi dans l'industrie à cet équilibre matériel et moral qui formera la gloire de notre siècle.

Je suis convaincu que beaucoup d'inventeurs gagneront davantage en laissant exploiter à tout le monde leur invention, qu'ils ne savent pas souvent exploiter eux-mêmes. Brisons donc ces chaines du privilège et laissons à tous le droit de puiser librement dans cet océan de l'intelligence humaine.

Nous devrions réfléchir que parmi les hommes de talent, il n'y en a pas beaucoup qui réussissent. En général, ceux qui avancent le plus sont ceux qui ont les moyens de faire valoir leurs produits. Le mérite sans argent ne peut pas aller très-loin. C'est pourquoi on a vu et on voit tous les jours des hommes de génie ter-miner leur vie dans des hospices de charité ou dans ceux qui protègent les fous !

Faisons donc une loi plus humaine que celle qui existe. Il y aura encore des abus, je n'en doute pas; mais cela continuera la besogne aux huissiers, aux avocats et aux juges des tribunaux. Je conviens que les faux auteurs continueront à piller leur prochain. Tant pis pour eux. Ils ne pourront pas lui prendre tout, et aux premiers auteurs il restera quelque chose. On arrivera peu à peu à corriger les mœurs des commerçants et à les rendre de plus en plus honnêtes. La société aussi deviendra toujours plus tranquille, car, après le pain, c'est la justice qui apaise les hommes et empêche les révolutions.

Ayant passé toute ma vie dans les inventions et dans les brevets, je connais autant que personne les défauts de la loi; et ce n'est ni présomption, ni orgueil, mais tout simplement un grand amour que j'ai pour le progrès, qui me pousse à publier ces lignes, afin d'indiquer ce qu'il faudrait faire dans l'intérêt de tous.

Je vais dire franchement mon opinion, excitant en même temps ceux qui en savent davantage à proposer quelque chose de mieux.

Il faut abolir les brevets d'invention et les droits exclusifs d'auteur existants, et y substituer un simple titre de propriété intellectuelle, que les gouvernements donneront, sans examen préalable du mérite, sans aucune garantie, et aux risques et périls de ceux qui le solliciteront.

Un droit fixe, qui ne gênera personne, sera payé aux gouvernements toutes les fois qu'un auteur quelconque demandera un titre de propriété pour son ouvrage. Ce droit, qui pourra, par exemple, être de cinq francs, servira aux frais de timbre et d'enregistrement du procès-verbal que l'on rédigera au moment du dépôt des pièces qui accompagneront la demande du titre.

Ce titre de propriété devra être durable pour toute la vie de l'auteur au moins, et respecté dans tous les Etats qui concourront à protéger la propriété intellectuelle. Ce serait justice de reconnaître que les hommes de talent doivent avoir le droit de jouir de ce talent, non-seulement pour quinze jours ou pour quinze ans, mais pendant toute leur vie, car il arrive bien souvent qu'ils n'ont d'autres ressources, et qu'ils ne savent pas travailler autrement.

J'entends une voix qui exclame : *C'est de la plaisanterie le 5°/₀ pendant ma vie seulement. Ce n'est ni assez, ni juste, car demain je pourrais mourir et mes enfants n'auraient plus rien !* — Oui, je conviens que cela ne serait pas juste; mais pour commencer, j'avoue que je me contenterais de cela. Laissons à nos enfants le soin d'obtenir plus tard leur part de la justice humaine. Cela viendra, j'en suis sûr; mais pour le moment je crains qu'en demandant plus je n'obtiendrais rien !

Puisque la loi établit un intérêt pour les capitaux,

je considère mon invention comme un capital, et je demande à ceux qui veulent en profiter de me payer le 5°/₀ sur toutes les sommes qu'ils pourraient encaisser en faisant commerce du produit de mon cerveau. N'est-il pas vrai que souvent un inventeur ne tire pas même un liard de son invention, quoiqu'elle soit très-bonne?

Ainsi mes engins sous-marins m'ont coûté plus de 80,000 francs pour les établir et les perfectionner. Il y a déjà six ans que je fais des frais et que je paye chaque année plusieurs centaines de francs aux gouvernements pour mes brevets. Le public les regarde avec intérêt; mais la conclusion est celle-ci, que tous ces instruments ne produisent rien, parce que personne ne peut s'en servir sans mon consentement, et je ne peux pas non plus m'en servir moi-même, puisque, à Paris, il n'y a pas la mer; et il m'est impossible de les porter plus loin. Voilà donc encore un exemple frappant de l'inutilité de mes brevets. Ma glacière artificielle a été la même chose. Elle n'a produit que douze ans après avoir été inventée.

Je suis convaincu que beaucoup d'inventeurs gagneront davantage en laissant exploiter leur invention à tous ceux qui auront le désir et les moyens de pouvoir le faire, qu'en l'exploitant exclusivement eux-mêmes.

Je crois que le débit d'un nouveau produit est proportionné à la production et non à la consommation. Si on expose un objet nouveau dans un seul magasin d'un pays quelconque, je suis sûr qu'on n'en vendra jamais autant qu'en l'exposant à la fois en cent endroits du même pays et en cent pays différents.

Ne craignons pas la confusion. Chaque année ne voit pas beaucoup de découvertes ni d'ouvrages précieux, ou de véritables inventions nouvelles. Les hommes qui auront la chance de faire leur fortune pour avoir réellement doté la société de quelque chose d'utile ne seront pas si nombreux.

Il est certain que l'on donnera des titres de propriété pour rien, comme l'on donne aujourd'hui des privilèges ou des brevets pour des inventions absurdes. Cela n'empêchera pas que le titre de propriété soit tôt ou tard valable et productif pour ceux qui auront réellement fait quelque chose de bon.

Celui qui exploitera l'œuvre intellectuelle d'un autre, sans lui en avoir donné avis préalable, sera passible d'une amende, et de dommages et intérêts proportionnés au préjudice causé à l'auteur.

A celui qui ferait de fausses déclarations de débit ou qui ne payerait pas à l'auteur ce qui lui serait dû, infligez-lui une forte amende; et s'il ne peut pas la payer, faites-là-lui escompter par une détention proportionnée. Pas de miséricorde pour ceux qui volent !

Toutes les sommes relatives aux amendes resteront acquises aux gouvernements, qui devraient établir une caisse de secours pour les auteurs de mérite malheureux ou qui n'auraient pas de chance.

Aucun gouvernement ne devrait accorder un titre de propriété avec réserve de *secret*, par la simple raison que ce *secret* pourrait être la propriété d'un tiers !

On ne devrait pas permettre non plus que l'on apporte des modifications ou des changements, souvent inutiles, à l'œuvre d'un premier auteur, sans son consentement; car le bon sens, qui doit être en toute chose la loi suprême, doit nous faire admettre que celui qui a le talent de composer un nouvel ouvrage, aura aussi la capacité de le perfectionner. — Il est tout

naturel que si un grand perfectionnement est apporté
par un tiers à l'œuvre d'un premier auteur, celui-ci
n'hésitera pas, dans l'intérêt commun, à se mettre d'accord avec le deuxième : et de cette manière, les auteurs
deviendront solidaires et amis et pourront partager les
bénéfices au lieu de s'arracher le pain.

Une telle loi ne pourra être appliquée qu'aux ouvrages qui se produiront après sa proclamation. Pour
les ouvrages existants, brevetés ou non brevetés, en
cours d'exploitation, et dont les auteurs seraient encore vivants, la loi devrait exiger que tous ceux qui
voudraient continuer à les reproduire et à en faire
commerce après la proclamation de la loi, soient tenus
de payer aux auteurs *reconnus*, pendant leur vie, le
5 0/0 des sommes qu'ils pourraient réaliser chaque
année par l'exploitation des dits ouvrages.

Une fois que la loi aura établi cela, il sera facile
d'y ajouter que lorsque les auteurs des ouvrages les
plus remarquables par leur originalité et leur utilité
publique, seront morts, les héritiers auront droit au
5 0/0 qui leur sera payé, tous les ans par ceux qui
voudront continuer à exploiter leurs ouvrages. Ce ne
serait que justice.

Je sais que les deux fils d'un des plus grands inventeurs, mort dans ce siècle, dont la découverte apporte
tous les ans des millions aux gouvernements, n'ont
pas eu malheureusement un seul millième du génie de
leur père. C'est pourquoi ils vivent d'aumônes ! Je
n'exagère pas en disant que plus de vingt mille constructeurs fabriquent dans le monde entier l'instrument inventé par leur père. Si chaque fabricant payait
seulement 1 franc par an à ces deux malheureux ;
ou si chaque constructeur payait une somme de 50

francs, une fois pour toutes, pour s'affranchir lui-même et tous ses héritiers du droit de fabriquer ledit instrument, n'est-il pas vrai que cela ferait un million de capital, que l'on recueillerait sans gêner personne, avec lequel les deux fils du célèbre inventeur pourraient vivre sans être à la charge de la charité publique ?

Courage donc, hommes raisonnables de tous les pays. Donnons-nous la main dans ce nouveau temple que le génie de la France vient de nous bâtir. Débarrassons-nous de ces vieux et gênants débris qui nous restent du privilège, et faisons une loi juste et libérale qui puisse répondre aux besoins de la civilisation moderne. — Jurons de jouir de nos talents, sans nous piller ! Donnons ce grand exemple de moralité à nos enfants et aux générations futures, pour qu'ils dépassent nos efforts, et pour qu'ils fassent progresser l'humanité vers le grand but de la paix et de la prospérité générale.

Paris le 1er septembre 1878.

J.-B. Toselli,
196, rue Lafayette.

Paris-Auteuil. — Imp. des Apprentis orphelins. Roussel, 40, rue La Fontaine.

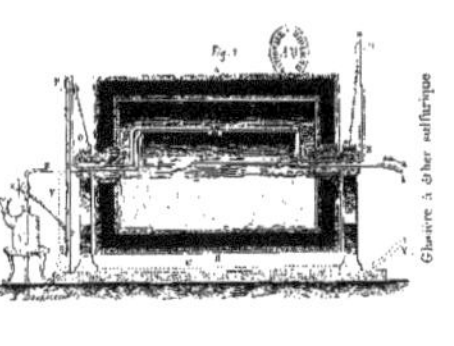

Glacière à éther sulfurique

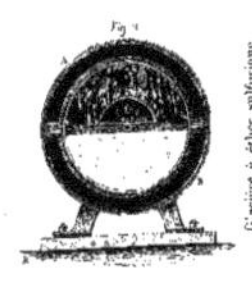

Glacière à éther sulfurique

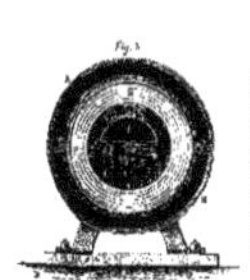

Glacière à éther sulfurique

Première Glacière italienne
tout en verre

Appareil pour refroidir
les boissons

Glacière italienne
que l'on contredisait dans toutes les villes
principales d'Italie

Principe du récipient multiple

Appareil à refroidir
les boissons

Appareil pour produire la glace
ou les glaces
en se promenant dans un jardin

Glacière de voyage

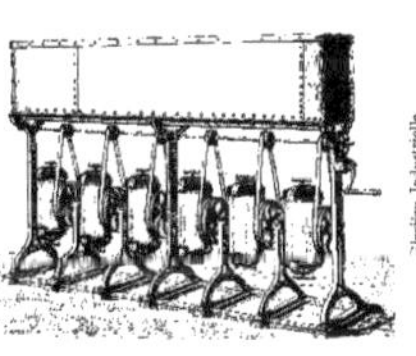

Glacière Industrielle

Glacière fonctionnant par le vide Torricelli

Glacière pour les marchands de glace
dans les rues

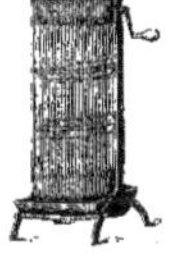

Évaporateur dynamique pour la reconstitution a
du réfrigérant

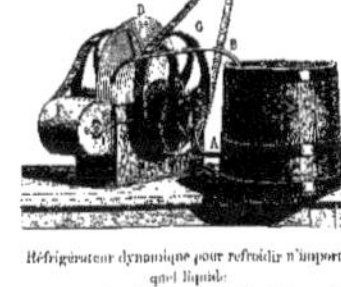

Réfrigérateur dynamique pour refroidir n'importe
quel liquide
et pour produire de l'eau potable à bord des navires

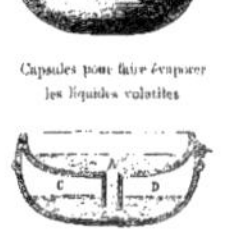

Capsules pour faire évaporer
les liquides volatiles

Évaporateur dynamique
marchant tout seul

Première Glacière à ammoniaque et à bain-marie
pour les familles

Première Glacière Industrielle à ammoniaque
et à bain-marie

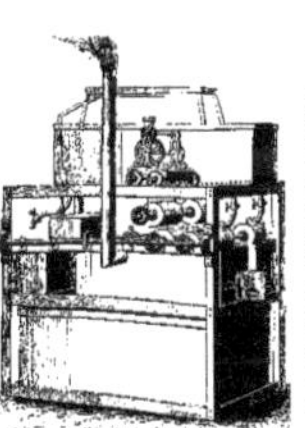

Deuxième Glacière Industrielle à ammoniaque
et à bain-marie

Récipient multiple

Sorbet frigorifique

Glacière pour les Ambulances, ou Malle-Glacière

Manière de frapper une carafe d'eau ou une bouteille de vin, sans glace et sans machine.

Prenez un seau en bois ayant environ 35 centimètres de hauteur et 13 centimètres de diamètre. Introduisez dans ce seau deux litres d'eau la plus fraîche possible et deux kilog. d'azotate d'ammoniaque. Remuez le mélange avec un bâton de bois jusqu'à ce que le sel soit dissous. Plongez-y la bouteille : couvrez le seau avec une serviette ou autre chose et laissez la bouteille au repos pendant 12 à 15 minutes. La boisson sera frappée.

Pour vous servir du même sel indéfiniment, versez l'eau salée dans un ou deux plateaux en tôle (vernie, d'abord au minium et ensuite d'une couche de noir mat), et laissez ces bassins exposés au soleil. L'eau s'évaporera et le sel restera cristallisé dans les bassins. Une fois qu'il sera sec et froid, on pourra s'en servir de nouveau et ainsi de suite.

On pourra aussi le faire sécher sur un fourneau ; mais il sera prudent de mettre dessous un bassin plein de sable pour éviter que le sel se chauffe de trop et ne se décompose.

Paris-Auteuil. — Imp. des Apprentis orphelins, — Roussel.
40, rue La Fontaine.

www.ingramcontent.com/pod-product-compliance
Ingram Content Group UK Ltd.
Pitfield, Milton Keynes, MK11 3LW, UK
UKHW021629090726
13657UKWH00004B/1537